ÉLOGE

D'ANTOINE PETIT,

Docteur – Régent de la faculté de médecine en la ci – devant Université de Paris ; Membre de l'Académie des Sciences de Paris et de celle de Stockolm ; ancien Professeur d'anatomie, de chirurgie & de l'art des accouchemens, etc, etc.

Prononcé par le citoyen T A P *, officier de santé, dans une Société philantropique.*

Il est de ces mortels, favorisés des cieux,
Qui sont tout par eux-même, et rien par leurs aïeux.

O vous ! mes chers Concitoyens, qui vous êtes consacrés au service de l'humanité, et m'avez jugé digne d'être associé à vos travaux, ne vous étonnez-vous pas tous les jours que des hommes dont la réputation va s'ensévelir avec eux dans la poussière du tombeau, soient cependant honorés

A

après leur mort avec enthousiasme ; que des éloges publics leur soient prodigués ; que des récompenses soient accordées à leurs familles ; Tandis qu'on parle à peine de la perte d'Antoine Petit, et de Perronnet, que la même année à vu disparaître ; qui ont également illustré leur carrière, dont le génie créateur et les rares vertus ont laissé des signes vivans à la postérité à laquelle il semble réservé de les venger de l'indifférence de leurs contemporains ?

Loin de moi la frivole prétention de rien ajouter par mes foibles accens, à la gloire de ces deux hommes avec lesquels j'étois intimément lié ; mais comment me refuser à la douce consolation de répandre quelques fleurs sur le tombeau du prémier que j'ai suivi dans les moindres actions de sa vie, parce qu'il n'en est aucune qui ne fût intéressante

Daignez, mes chers Concitoyens, ne considérer ce que je vais vous en dire que comme un tribut de reconnoissance, tribut que les mânes de Perronnet semblent également réclamer de ceux de ses élèves qui se destinent à marcher sur ses traces.

Antoine Petit naquit à Orléans, en 1722, d'une famille peu fortunée. Attiré à Paris encore très-jeune par le desir de satisfaire son goût, pour l'étude de la chirurgie et de la médecine, il s'adonna d'abord à la première, comme un préliminaire indispensable pour se distinguer dans la seconde.

Il avoit reçu de la nature des présens dont elle se montre avare envers la plupart des hommes; Antoine Petit semblait avoir été traité par elle avec une prédilection particulière; intelligence, esprit, perspicacité, facilité pour apprendre, mémoire, goût pour l'observation, penchant involontaire pour suivre la carrière qui s'ouvrait devant lui, tous ces avantages se trouvaient réunis en sa personne; aussi ses progrès devinrent-ils si rapides, qu'il faisait des cours d'anatomie à ses condisciples dont il s'attirait la confiance et l'admiration, sans jamais exciter leur jalousie.

L'extrême médiocrité de sa fortune ne lui permettant pas de payer la maîtrise à l'Académie de chirurgie, Antoine Petit demanda un délai après sa réception pour le paiement de la finance de la place qu'il sollicitait. L'Académie, le croira-t-on, s'y refusa et se montra indigne de posséder dans son sein un homme dont les talens précoces auroient dû lui servir de précurseurs dans ce lycée.

Une telle méprise (disons plutôt une telle injustice) n'aurait pas lieu aujourd'hui, où la maxime qui faisait regarder le droit de travailler de sa profession, *comme un droit domanial et royal,* se trouve, pour l'honneur du genre humain, effacée par la raison du code de la politique.

La société de médecine ne tarda pas à venger le vrai mérite, l'homme qui s'annonçait déja dès sa plus tendre jeunesse, sous d'aussi favorables auspices, des traits impuissans, de l'ignorance et de la cupidité, par l'empressement qu'elle mit à accueillir Antoine Petit, et en lui confiant ensuite l'enseignement public dans ses écoles.

C'est sur ce théâtre qu'il commença à fixer les regards de la France, même de l'Europe entière; l'universalité de ses connaissances, la justesse de son esprit, la concision de ses idées, la brieveté de ses dissertations, cet art, qui lui était particulier, de mêler de l'agrément aux matières les plus sèches et les plus abstraites, attirèrent au tour de sa chaire et à ses cours particuliers, un concours prodigieux de disciples de tous les pays.

Antoine Petit excellait dans toutes les matières, parce qu'il les avait étudiées par principes, et qu'il exerçait sa profession en véritable observateur; mais cette perfection, il ne l'avait acquise que par l'étude de l'anatomie, la regardant comme *la base sur laquelle porte principalement l'art de guérir.* Il lui semblait en effet impossible de connaître les maladies qui affectent une partie, sans connaître, en même temps, la partie elle-même.

Ces principes se trouvent développés dans un mémoire qu'il a publié, et dans lequel Antoine Petit démontre, d'une manière si lumineuse, l'accord qui règne entre la médecine et la chirurgie, et la nécessité de réunir l'étude de ces deux sciences.

Il s'était d'abord rendu célèbre par le succès de ses opérations ; il n'en est aucune qui lui fût étrangère ; il a prouvé que ce qui constituait le bon chirurgien, ne consistait pas seulement a opérer *avec élégance*, mais à faire précéder et succéder le traitement convenable à la réussite de l'opération (1).

Mais si Antoine Petit s'est montré supérieur à lui-même, l'on peut dire que c'est dans la partie des accouchemens ; on doit le regarder comme le premier médecin de France qui s'en soit occupé par pratique, qui ait fait connaître leur méchanisme, la vraie structure de la matrice, et, par là, déterminé les causes qui concourent à leur avancement ou à leur retard ; aussi est-il

---

(1) Il a bani les ligatures dans les opérations, les regardant comme inutiles, même dangereuses, et plus douleureuses que l'opération, sur-tout dans celle du sarcocèle. On doit regarder en effet comme un phénomène, s'il en réchappe dans cette dernière quelques-uns de ceux auxquels on a fait la ligature. Il y a environ trente ans, que le célèbre le Cat, de Rouen, lui envoya un malade, pour lui faire cette opération : le cordon était gangréné jusqu'à l'anneau, le malade fut opéré, chez une garde, rue Simon-le-Franc, avec le plus grand soin et il guérit. Antoine Petit suppléait à la ligature, par une compression uniforme et continuelle pendant deux fois vingt-quatre heures.

le premier, qui ait fixé, pour les gens de l'art et les jurisconsultes, l'opinion que l'on doit concevoir de la paternité. Pour rendre un tel service à siècle, il avait eu à braver le préjugé barbare accrédité dans la médecine, qui fesait regarder cet emploi comme dégradant la dignité de la profession. Antoine Petit (j'emprunte ici ses propres paroles) disait à ses confrères, « *qu'on* » *ne se dégradait, que lorsqu'on se servait de* » *son bras pour poignarder ou maltraiter* » *son semblable* ».

Cette partie délicate de l'anatomie, dont on n'a peut-être pas assez senti l'utilité, vu l'impéritie des accoucheurs, et notamment des sages-femmes, encore disséminées dans les petites villes et dans les campagnes, l'avait conduit à faire une étude particulière des maladies des femmes.

Il les avait prises, depuis l'âge de puberté, jusqu'après l'époque de la seconde révolution; et, quand il ne devrait qu'à cette seule partie, la réputation dont-il jouissait, elle suffirait seule pour éterniser sa mémoire.

Antoine Petit, conduit toujours par l'observation, a prouvé que la médecine n'était pas une science conjecturale, que chaque maladie avait ses symptômes particuliers; il n'appartenait presque qu'à lui de prononcer d'un seul mot, et toujours avec justesse, sur la nature de la maladie; aussi venait-on de tous les pays pour le consulter; que de malades n'a-t-il pas dessillés

au premier abord sur les doutes et les incerti-
tudes, où les avoit plongés l'avis contradictoire
des médecins étrangers.

Les bornes de cet éloge ne me permettent
pas d'en consigner ici les détails; on en
trouvera plusieurs exemples, dans ses ouvrages, dans les trésors encore inconnus que
doivent renfermer ses porte-feuilles, (1) dans les
mémoires de l'Académie des sciences, qui s'était
empressée de le compter parmi ses membres,
et dans les écrits des savans et ceux de ses
collègues, qui ont rendu justice à sa supé-
riorité.

Antoine Petit avait également succédé, dans
la place de professeur d'anatomie et de chirurgie
au jardin des Plantes, à cette suite d'hommes
savans qui l'avoient occupée : a-t-on jamais vu
des cours plus florissans et une affluence plus
considérable? Les plus habiles chirurgiens et
médecins ne dédaignaient pas de s'y placer au
nombre de ses élèves.

Une vie aussi laborieuse ayant considé-
rablement nui à sa santé, Antoine Petit fut
forcé, plusieurs années avant sa mort, d'a-

____

(1) Il y a environ trente ans, qu'il avait donné à imprimer, un
traité sur les maladies des yeux, que je fus chargé de retirer de chez
l'imprimeur, je ne sais pourquoi, et qui par malheur n'a jamais
vu le jour. Cette perte est d'autant plus irréparable, qu'Antoine
Petit connaissait à fond les maladies de cet organe; je lui ai
vu guérir des malades qui avaient été manqués par les plus
célèbres oculistes.

A 4

bandonner l'enseignement public pour mener une vie privée, je n'oserai dire une vie de *retraite*, cette qualification serait incompatible avec sa réputation; aussi a-t-on continué jusqu'à sa mort, de recourir à lui comme à une source vivante de lumières : retiré à Fontenay-aux-Roses, petit village près de Paris, le séjour de la campagne offrit à ce corps épuisé de fatigues, le repos dont il avait besoin; quant à son esprit, il ne vieillit jamais, et conserva toujours sa vigueur primitive.

Partagé dans cet asyle, entre l'étude et la méditation des merveilles de la nature, il semblait lui rendre hommage des dons qu'il en avait reçus; il y était également accessible, et rédigeait lui-même ses consultations, dont il n'est aucune qui ne porte l'empreinte de son génie.

Je viens de parler d'un médecin et d'un anatomiste célèbre, honorons sa mémoire sous des rapports plus touchans, et l'on verra que la nature ne s'était guère moins occupée de son cœur que de son esprit, lorsqu'elle le doua des qualités qui le rendent non moins cher à l'humanité qu'aux sciences.

Cette vertu, la source de toutes les autres, qui nous fait aimer, et double pour ainsi dire notre existence, sans laquelle on ne peut être bon père, bon fils, bon ami, ni bon citoyen; Antoine Petit la possédait à un dégré éminent : qui sait même si elle ne détermina pas sa vocation pour un état qui lui offrait tant d'occasions d'en exercer des actes? Au moins est-il vrai que ce ne fut pas le desir de s'enrichir, qui le jetta dans cette carrière, et qu'il a rendu utiles à la société, les fonds qu'il y avait recueillis, en fondant dans la faculté de médecine de Paris, en 1788, une chaire d'anatomie, et une de chirurgie également dotées. Les motifs de cette fondation sont ramenés dans l'acte lui-même. Antoine Petit n'y dissimule pas que l'imperfection de l'enseignement des cours publics d'anatomie, lui avait donné, dès sa jeunesse, le regret de ne pouvoir faire les frais des cours particuliers; que les obstacles qu'il avait eus à surmonter, lui avaient fait naître l'idée de les épargner aux autres; que, tant que ses forces lui avaient permis d'enseigner, il s'était constamment tenu à ne recevoir de ses élèves que la moitié de l'honoraire que ses prédécesseurs recevaient des leurs; et, pour qu'il ne manquât rien à la perfection de cet établissement, il a voulu que les leçons y fussent faites en langue vulgaire.

Orléans, sa patrie, reçut aussi des marques de sa reconnaissance, par l'établissement d'un hospice de pharmacie, pour les indigens, avec les honoraires des officiers de santé qui en dirigent les travaux; et, comme il était fils d'un tailleur, il voulut que la place de concierge fût donnée à un citoyen du même état. Il n'est pas enfin jusqu'à la petite commune de Fontenay - aux - Roses, qui n'ait recueilli ses bienfaits, par le don d'une maison pour y loger un officier de santé, dont il a fait le traitement : tant il est vrai qu'il n'existe pas de lieu habité par Antoine Petit, où il n'ait laissé des traces de sa bienfaisance.

On sent, d'après l'esquisse que je viens de tracer du caractère et des principales actions de sa vie, qu'il portait dans son ame le germe des vertus républicaines, et qu'il était digne de respirer l'air de la liberté; aussi le destin semble - t - il avoir reculé sa mort, pour lui procurer la satisfaction d'en voir luire l'aurore sur cette terre qui lui avait donné le jour.

Celui-là méritait cette faveur, qui, pendant le règne des despotes, n'avait jamais fléchi sous le joug insupportable de leur domination et de leur orgueil; qui, fier de sa conduite, prenant pour appui son génie, n'ayant d'autre protecteur que ses vertus, d'autre idole à encenser, que le bien public, s'était toujours éloigné des maisons des grands et des palais des rois; qui a constamment dédaigné ce que l'on appellait autrefois *les graces de la cour*, et qui eut cru flétrir, en les mendiant, ces décorations qui n'étaient le plus souvent que le prix de l'or, de l'intrigue ou de la flatterie ; qui s'étonnait, lorsqu'en 1766 il dédiait à un médecin de ses amis, son livre immortel sur les naissances tardives, que la plupart des ouvrages des savans, ne fussent dédiés qu'à ceux *que le vulgaire appelle les grands de la terre*, et qu'on en vît un si petit nombre, à la tête desquels se trouvassent les noms des amis de l'auteur; qui croyait en avoir trouvé la raison, en ce que *les grands étaient très-communs, et les vrais amis très-rares;* qui ajoutait, à propos des grands, qu'il ne pouvait se persuader qu'on mendiât, par préférence, *le suffrage et la protection d'un homme titré, en lui disant que son illustre nom fera passer l'ouvrage à la postérité.....* Comme si dans la plus libre des républiques, celle des lettres, un grand, quelque riche et puissant qu'il soit, n'était pas, quand il manque de connaissances, au-dessous du simple citoyen éclairé; qui ne voyait dans la société que deux classes d'hommes, les bons et les mauvais citoyens; qui ne connaissait d'autre distinction que celle que donne la vertu, qui estimait qu'il n'était pas de place, d'honneur, de dignité, à laquelle tout homme ne pût être appellé par son mérite.

Celui-là était digne de respirer l'air de la liberté, dans l'ame duquel la nature avait gravé cette maxime, d'en agir envers son semblable comme envers soi-même, et qui ne voyait qu'avec une extrême douleur les orages dont cette liberté naissante a été menacée. Mais du moins a-t-il goûté, avant son dernier soupir, la douceur de voir les factions mises au grand jour, les coupables punis, les loix reprendre leur empire; et l'idée consolante de laisser sa patrie heureuse et florissante l'a-t-elle suivi jusques dans son tombeau !

Cette consolation était d'autant plus parfaite pour lui, qu'il avait plus d'une fois désespéré du salut de la patrie, et du renversement du trône; *on ne détruira pas plus les virus variolique (m'écrivait-il d'Olivet, près d'Orléans, le 14 août 1791), qu'on ne détruira parmi nous la royauté : ce sont pourtant deux terribles causes de maladie; mais les jeunes gens sont fous, les peuples ne le sont pas moins, et quelque chose que l'on fasse, les hommes auront toujours pour tourment et la v..... et des rois.*

Il était digne de mourir républicain, celui qui avait toujours vécu comme tel; qui, considérant le bien en toutes choses, ne s'est jamais écarté dans ses écrits, vis-à-vis des savans et des gens de lettres, l'orsqu'il combattait leur opinion, des règles de la plus exacte bienséance; et qui, ne se proposant d'autre but, que la recherche de la vérité, lui rendait cet hommage en terminant sa fameuse consultation sur les naissances tardives : « *la vérité est toujours bonne, toujours bien-* » *faisante, toujours digne de nos respects et* » *de notre amour; elle n'offre rien et ne traîne* » *rien, après elle, dont nous ayons quelque*

« *mal à appréhender; l'erreur seule est*
» *haïssable, nuisible, malfaisante et la*
» *source de tous les maux* ». La modestie
d'Antoine Petit ne lui permettait pas de penser,
qu'en parlant ainsi de la vérité, il traçait lui
même son portrait. (1)

De quelle faute pourrait être ternie la vie
d'un homme qui réunissait à un dégré si
éminent les qualités de l'ame, du cœur, et de
l'esprit? non, sa mémoire passera à nos derniers
neveux dans tout son lustre, et il n'est aucune
action de sa vie qui ne réponde à lui - même.
Que ceux qui lui ont reproché son penchant
trop marqué pour les femmes, disent plutôt
qu'Antoine Petit en était généralement chéri!
J'ajouterai qu'elles le lui devaient par reconnaissance. Exista-t-il en effet jamais d'homme
qui leur ait rendu d'aussi importans services, et
dont les intérêts excitèrent plus que chez lui ses
sollicitudes? disons plus, c'est que quand même
Antoine Petit aurait porté un peu loin cette
passion, il eut cédé au plus doux sentiment de
la nature, lorsqu'on le circonscrit dans les bornes
de la décence et de l'honnêteté.

---

(1) Voici les quatre vers qu'il a faits lui - même
pour être mis au bas de son portrait, peint par Greuse :

De l'honnête et du beau faisant mon bien suprême,
A servir les humains j'ai consacré mes jours;
Puisse - le ciel en terminer le cours,
Quand je ne pourrai plus vivre, que pour moi même!

Antoine Petit, ménacé par une maladie, présage d'une fin prochaine, recueillit ce qui lui restait de forces pour aller finir ses jours dans sa patrie; il y est mort au bout de deux mois, le 3o vendémiaire dernier.

Les habitans d'Orléans en lui décernant des honneurs funèbres extraordinaires, ont acquitté la dette qu'ils avaient plus particulièrement contractée envers lui; son corps a été déposé dans la salle de consultation gratuite de médecine, qu'il avait fondée, où il lui sera élevé un mausolée.

Accourez autour de ce monument, hommes de tous les pays, qui fûtes arrachés par ses soins au trépas, qui trouvâtes auprès de lui les lumières et les secours que vous étiez venu chercher, et qui ne regretâtes, après l'avoir vu, ni les fatigues, ni les frais, ni les peines de ce voyage!

Accourez-y, indigens, infortunés, veuves, orphelins, pour lesquels il avait une prédilection si marquée, qui avez toujours été préférés par lui, lorsque vous fûtes en concours avec l'homme riche et puissant, qui trouvâtes dans sa maison un hospice toujours ouvert, dans ses libéralités une ressource contre la misère, dans son affabilité une consolation à vos infortunes, dans son zèle à vous soulager, un adoucissement à vos maux !

Accourez-y, citoyens français, véritables amis

de la patrie, bienfaiteurs de l'humanité! venez pleurer l'homme bienfaisant, humain, désintéressé, charitable, compatissant! Que votre pays se glorifie de lui avoir donné le jour! Arrosez de vos larmes les cyprès qui couvrent son cercueil; et si l'on était réduit autrefois à faire pleurer les marbres pour attendrir les peuples sur la perte des rois et des grands, élevons-lui dans nos cœurs un monument plus digne de sa gloire et de ses vertus.

An III de la République.